Z 2284.
† JM.

28347

LES OREILLES DES BANDITS DE CORINTHE,

AVEC

UNE LETTRE

DE M. DE VOLTAIRE

SUR

LES COMÈTES.

A LA HAYE

Et se trouve à Paris,

Chez VALADE, Libraire rue Saint Jacques, en face de celle des Mathurins.

M. DCC. LXXII.

LES OREILLES DES BANDITS DE CORINTHE.

THÉSÉE chargé des dépouilles des Brigands qu'il avait exterminés & des peaux de plusieurs bêtes féroces dont il avait délivrées les campagnes, devait passer par Corinthe. C'était un beau spectacle que l'empressement des Corinthiens pour voir leur bienfaiteur. Les rues par où il devait passer pouvaient à peine contenir la multitude : on y remarquait des jeunes mères qui, au milieu de la foule, exposées sans l'avoir prévu, au danger de périr, pressaient tendrement leur nourrisson contre leur sein ; des ménagères qui, s'étant dérobées aux soins domestiques & entraînées par la curiosité, avaient oublié de laisser à la maison les instrumens de leurs ménages ; on y voyait aussi de vieilles femmes qui, courbées sur un bâton noueux, voulaient avant de mourir jouir du plaisir de dire : *je l'ai vu* ; des vieillards décrépits qui, soutenus par leurs enfans, leur disaient : *regardez le bien quand il passera*. Le contentement était peint sur le visage de cette multitude de personnes de tout sexe, de tout âge & de toutes conditions : dans leur impatience elles se demandaient *viendra-t-il bientôt ?*

Quelques Bandits qui avaient échappé à Thésée au coin d'un bois, & qui l'avaient devancé à Corinthe, ameutèrent une trentaine de leurs camarades. Ils s'armèrent tous de pierres & de bâtons : leur espérance était d'accabler *Thésée*, & de le faire mourir au milieu de cette espèce de Triomphe.

Enfin *Thésée* arrive à Corinthe il passait à travers deux files de citoyens rangés le long des maisons, qui, en le voyant, tressaillaient de joye & le remerciaient en mille manières. Le plaisir que dans ce moment éprouvaient les honnêtes gens de Corinthe était pour *Thésée* le fruit le plus doux de ses expéditions, & des dangers qu'il avait courus. Comblé des bénédictions de ce peuple immense, il traversait la rue qui conduit au Temple lorsque les Bandits, dont l'attroupement s'était mis en embuscade dans un carrefour, font pleuvoir sur lui une grêle de pierres : ils veulent aller à lui avec leurs bâtons ; mais la frayeur, qui s'empare facilement des lâches, les arrête; & demeurans comme immobiles, ils se contentent de pousser des cris de fureur. Tout ceci est d'autant plus vraisemblable qu'en tous tems & en tous pays l'homme, qui s'est occupé du bien de ses contemporains, a toujours été exposé à être lapidé.

La crainte n'arrête jamais une ame courageuse, ainsi *Théfée* peu épouvanté des cris de ces insensés, fond sur eux, & pouvant les exterminer tous, il borne sa vengeance à se moquer d'eux, & à leur couper le bout des oreilles.

Cette canaille effarée, confuse & ayant les oreilles écourtées, prend la fuite & criait en fuyant *voilà un méchant homme, voilà un méchant homme*. Ces criailleries firent rire tous les spectateurs, & Théfée lui-même, qui, sans s'arrêter plus long-tems, continua son chemin, & les bénédictions des Gens de bien redoublèrent.

On ne peut s'empêcher de remarquer en paffant que la conduite des méchans, à peu de chofes près, a toujours été la même. Dans tous les tems on a vu des hommes méprifables, nés pour la plûpart au fein de la lie & de la craffe du Peuple, attaquer avec audace tous ceux qui s'occupent du bonheur de leurs femblables, inventans chaque jour des noirceurs pour les perdre, & enfuite fe plaindre hautement qu'on les outrage, qu'on viole en eux le droit de Citoyen, parce qu'on fe défend, qu'on leur rend juftice & qu'on fe moque d'eux. C'eft joindre l'imbécilité à l'infolence, ce qui eft affez ordinaire.

Graces au vertueux fils d'*Égée*, à fon courage & à fon dévouement pour fa patrie, on ne parlait plus de meurtres dans les campagnes ; les affaffins ne trouvant plus de fûreté dans les bois avoient été forcés de rentrer dans les Villes pour y travailler, ou d'employer utilement leurs bras à remuer la terre.

On allait sans crainte & sans danger à Pilos, dans l'Argolide, en Élide, à Sparte. Les forêts, qui jusqu'alors avoient été comme des repaires de voleurs, devinrent des retraites paisibles pour les voyageurs, qui brûlés des ardeurs du soleil, ou fatigués d'une longue marche, voulaient prendre du repos. Les Bergers ne craignaient plus d'y faire paître leurs brebis pendant le jour, & quand l'étoile de Vénus avait paru, tranquilement livrés au sommeil, dans leurs cabanes, ils les laissaient au milieu des champs goûter la fraîcheur des belles nuits. Leurs chiens, devenus inutiles pour avertir de l'approche des voleurs ou des bêtes malfaisantes, ne servaient plus que pour donner le signal du raliement ou du départ.

Un homme né pour le bonheur de ses semblables ne connaît point de repos : son esprit est inquiet & souffrant tant qu'il lui reste du bien à faire, & il lui en reste toujours ; il n'y a qu'une occupation utile & constante qui puisse éteindre en lui ce sentiment d'inquiétude & de souffrance, qu'il éprouve toujours quand il n'agit point.

La carrière de Thésée était assez belle ; retiré dans l'Attique, il pouvait vivre paisible & glorieux ; mais convaincu que la gloire est inséparable du travail, il s'occupa à réunir en République les douze Bourgs de l'Attique, à faire des établissemens heureux, à instituer des jeux solemnels, à proposer des Loix qui parurent toutes sages, & dont on adopta plusieurs. On pense bien que ce ne fut pas sans essuyer de grandes contradictions, que *Thésée* fit tant de changemens : son courage vint à bout de tout.

Et in illo tempore : & en ce temps là. Il y avoit parmi les garçons Perruquiers d'Arcadie, un jeune homme atteint d'un peu de folie, à qui la Nature n'avait donné qu'un corps rabougri, une face de Therſite, une ame baſſe & un eſprit méchant. Son nom étoit *Rabateis*.

Elien parle beaucoup de ce *Rabateis* (a). C'eſt de lui que nous ſçavons qu'il quitta ſon pays de fort bonne heure, & qu'il ſéjourna quelque temps en Élide ; cet Auteur ajoûte : que manquant de reſſources pour vivre, il ſe fit balayeur d'une chapelle de Cérès, & que les Prêtres de la bonne Déeſſe, qui s'étaient apperçus qu'il mangait les offrandes, voulant en faire un exemple, il avait décampé emportant avec l'habit & l'inſtrument

―――――――――――――

[a] Voyez ſon *Hiſtoire des Animaux*, édition de Straſbourg, 1685.

de son ministère, quelques linges dela Chapelle.

La vérité de l'histoire ne nous permet pas d'assurer ce fait. *Elien* qu'on ne peut regarder que comme l'abreviateur d'*Athenée*, n'est pas pour nous un garand assez sûr : mais ce qui est certain, c'est que *Rabateis* fit à Corinthe pendant plusieurs années, le métier de pédagogue, qu'il était dans cette Ville lors de l'aventure de Thésée; & qu'enfin s'étant brouillé, soit avec la justice, soit avec les artisannes, dont il éduquait les enfans, il quitta cette Ville & vint à Athènes, où n'ayant rien à faire, manquant de tout, & surtout de courage pour embrasser une profession honnête, il fit un libelle de trois cens quatre-vingt pages, & qui contenoit deux choses. 1°. Soixante-treize mensonges contre Thésée. 2°. L'éloge des vauriens qui avaient insultés ce héros lorsqu'il passa à Corinthe. Ce libelle, le comble de l'extravagance & du mauvais goût, ressembloit à toutes ces productions que la calomnie forge de tems-en-tems, qui, trop dégoutantes par elles-mêmes, ne sauraient nuire aux personnes qu'on y outrage, & qui étant trop détestables pour être lues, ne font même pas tort à ceux qui les composent.

Or il arriva que le sage, le Philosophe *Theon*, se promenant sur le bord de la mer, à l'endroit même où l'on creusa depuis, le port de Pyrée, fut salué par le fou *Rabateis*. On sçait que les sages sont confians, que ne s'occupant jamais de tromper personne, ils ne s'imaginent pas de l'être, & qu'ils le sont souvent.

Theon rendait honnêtement le salut à *Rabateis*, lorsque celui-ci, l'abbordant d'un air humble & modeste, lui demanda la permission de se promener, & de s'entretenir avec lui. *Theon* étoit trop poli pour le refuser. Ils se promenèrent donc ensemble, & ce n'est pas la seule fois qu'on a vu un sage & un fou l'un à côté de l'autre. Leur conversation roula sur *Théſée*. Ils furent rarement d'accord sur ce grand homme. Le sage commençant alors à se repentir de sa facilité, & mêlant un peu d'enthousiasme à ses discours, parla du courage de ce héros, des choses admirables qu'il avoit faites, des services qu'il avoit rendus au pays; enfin de la reconnaissance que la Grèce lui devait.

Rabateis tient un autre langage, parle indignement de *Théſée*, le comparant tantôt à πολλας, tantôt à γακος & tantôt à γαρασιον. C'étoit bien là les plus vils gredins qui euſſent encore paru dans la Grèce. Il porta l'imbécilité juſqu'à vouloir soutenir que Théſée ne feroit jamais un grand homme, attendu que dans sa jeunesse il aimait passionnément la gloire & les belles Grecques, qu'il ne voulait adorer que le seul

Theos, que cependant toute sa vie il s'était mocqué des Dieux Bambins de tous les pays par où il avoit passé, qu'il avait maltraité horriblement les jeunes gens de Corinthe, qu'après s'être cruellement raillé d'eux, il les avoit exposés à la dérision publique, & en disant cela il montra les bouts des oreilles que *Thésée* avoit coupés à ces jeunes gens. Mais ces jeunes gens lui avoient donc fait quelque chose, demanda *Theon* en riant & en regardant ces bouts d'oreilles? Rien du tout, répliqua *Rabateis*. Il est vrai ajouta-t-il, que pour s'amuser ils détroussaient quelquefois les passans, & qu'ils avaient jetté quelques pierres à *Thésée*, ce qui ne lui avoit pas fait grand mal; mais que dans le fond ces enfans étaient charmans & bien élevés, ce dont il était d'autant mieux assuré, qu'il avait été le précepteur de plusieurs de ces enfans; enfin il dit à *Theon* que s'il voulait être convaincu des méchancetés de *Théfée*, il n'avait qu'à lire le gros livre qu'il avoit fait contre lui ; & en difant cela, il lui en nomma le titre. Le voici. *Tableau philofohique de l'efprit de Théfée.*

L'indignation de *Theon* éclata en entendant parler de ce libelle. Trompé par le titre, il l'avait acheté, croyant que c'étoit l'éloge de *Théfée*. Perfonne n'aime à être dupe ni à perdre fon argent, encore moins les Sages que les autres. Un fripon qu'on trompe, s'en confole dans l'efpérance de prendre fa revanche. Il n'en eft pas de même du fage qu'on dupe, & qui d'ordinaire n'a que peu d'argent ; il ne lui refte que la douleur & la plainte. *Theon* honteux de fe trouver avec l'Auteur de cette abominable rapfodie, & indigné de l'entendre, lui dit le plus tranquillement qu'il put :

« Garçon, vous avez fait là une
» grande fottife avec vos bouts

» d'oreilles & votre libelle, qui
» ne vous a valu probablement que
» très-peu d'argent & beaucoup de
» mépris. Vous avez perdu à ra-
» maſſer des injures & des calom-
» nies, un temps que vous auriez
» pu employer utilement dans la
» boutique de votre père. Nous
» n'avons beſoin ni de vos ſatires
» contre un héros dont le faible eſt
» celui de tous les hommes qui
» n'aiment pas à être outragés, &
» dont le défaut eſt de ſe mocquer
» de ceux qui l'outragent, ce qui
» n'eſt pas un grand mal. Nous
» avons encore moins beſoin des
» éloges que vous prodiguez avec
» autant d'imbécilité que d'im-
» pudence, à vos camarades de
» Corinthe, qui ſont très-heureux
» qu'on ne leur ait coupé que le
» bout des oreilles, pour avoir in-
» ſulté *Théſée*, que nous regardons
» comme notre Libérateur & notre
» Légiſlateur : c'eſt à lui que nous
» devons

» devons la connaissance des loix
» de *Minos*; il nous en a donnés
» des particulieres, que le tems
» perfectionnera; il a institué des
» jeux qui nous amusent & nous
» instruisent. Quelles obligations
» la Grèce ne lui a-t-elle pas, d'a-
» voir purgé ses campagnes des
» brigands qui les infectaient! Il
» a essuyé de petites & de grandes
» tribulation. Son courage est une
» chose étonnante. Nous jouissons
» de ces bienfaits; si vous êtes sage,
» je vous dirai qu'il faut les par-
» tager nous; mais après ce que
» je viens d'entendre, vous ferez
» sagement de vous retirer dans
» l'Arcadie où vous êtes né, du-
» moins je le soupçonne à votre
» jargon, qui ne ressemble en rien
» à notre atticisme. Il vaut mieux
» pour vous, friser des Arcadien-
» nes, que de faire un mauvais
» métier à Athenes; je n'en con-
» nais même pas de plus bas, que

» de salir du papier pour dire des
» injures à un homme que nous
» admirons tous, que nous aimons
» encore d'avantage, auquel notre
» reconnaissance élève déjà une
» statue, & que nous placerons
» après sa mort au nombre de nos
» demi-Dieux, quoique de son
» vivant il soit un peu colère &
» grand rieur ».

L'Arcadien *Rabateis* répliquant de nouveau, sortait encore de sa poche d'autres bouts d'oreilles. Le sage *Theon* lui tourna le dos, en disant : voilà un garçon méchant & ennuyeux avec ses bouts d'oreilles : il mériteroit bien qu'on lui coupa les deux siennes. Cependant il est peut-être avantageux pour la société qu'il s'occupe à *écrivailler*; car que sçait-on ? S'il n'écrivait pas, il voleroit peut-être, & tout bien examiné, il vaudroit encore mieux qu'il nous ennuye que de nous voler.

LETTRE
SUR LES COMETES,*
De M. de Voltaire.

VOTRE Lettre, Monsieur, m'a autant fait de plaisir que votre travail m'a inspiré d'estime, votre guerre avec les Géomètres au sujet de la Comète me parait la guerre des dieux dans l'Olimpe tandis que sur la terre les chiens se battent contre les chats. Je suis effrayé de l'immensité de votre travail. Je me souviens qu'autrefois quand je m'apliquais à la théorie de Newton,

---

(*) Cette Lettre fut écrite en 1759 à feu M. Clairaut; elle est la seule de M. de Voltaire qu'on ait trouvée parmi les papiers de ce Scavant; elle mérite d'être conservée & c'est pour en prévenir la perte, que nous l'imprimons.

Cette Lettre n'est point de celles qu'on puisse regarder comme secrettes; si elle l'était nous ne serions pas assés malhonnêtes pour la rendre publique.

je ne fortais jamais de l'étude que malade. Les organes de l'application & de l'intelligence ne font pas fi bons chez moi que chez vous, vous êtes né Géomètre & je n'étais devenu votre difciple que par hazard. Votre dernier travail doit certainement honorer la France. Les Anglais ne peuvent pas avoir tout dit, Newton avait fondé en partie fes loix fur celles de Képler & vous avez ajouté à celles de Newton. C'eft une chofe bien admirable d'être parvenu à reconnaître les inégalités que l'attraction des groffes planètes opére fur la route des Comètes.

Ces aftres, que nos pères les Grecs ne connaiffaient qu'en qualité de chevelus felon l'étimologie du nom, & en qualité de méchans comme nous connaiffons *Clodion la chevelu*, font aujourd'hui foumis à votre calcul, auffi bien que les aftres du fiftême folaire; mais il faudrait être bien difficile pour exiger qu'on prédit le retour d'une Comète, à la minute, de même qu'on prédit une éclipfe de foleil ou de lune. Il faut fe contenter de l'àpeuprès dans ces diftances immenfes & dans ces complications de caufe qui peuvent accélérer ou retarder le retour d'une Comète. D'ailleurs la quantité précise de la masse de Jupiter & de Saturne peut-elle être connue avec précision ? Cela me parait impossible, il me semble que quand on vous accordera un mois d'échéance pour le retour d'une Comète, comme on en accorde pour les lettres de change qui viennent de loin, on ne vous fera pas grande grace ; mais quand on m'avouera que vous faites honneur à la France & à l'esprit humain, on ne vous rendra que justice. Plut à Dieu que notre ami Moreau, Maupertuis, eut cultivé son art comme vous, qu'il eut prédit seulement le retour des Comètes au lieu d'exalter son ame pour prédire l'avenir, d'induire les gens de poix résine pour les guérir de toute espèce de maladie.

Au reste je suis fâché que vous désigniez par Newtoniens ceux qui ont reconnu la vérité des découvertes de Newton. C'est comme si on appellait les Géomètres Euclidiens ; la vérité n'a point de nom de parti. L'erreur peut admettre des mots de raliement, les sectes ont des noms & la vérité est vérité.

Dieu bénisse l'imprimeur qui a mis

altercations pour altérations ; il a eu plus de raisons qu'il ne croyait. Toute vérité produit altercation, je pourrais bien me plaindre aussi à mon tour de ceux qui ne m'ont pas rendu justice, quand j'ai mis le premier en France le sistême de Newton au net, mais j'ai essuyé tant d'injustices d'ailleurs, que celle-là m'a échappée dans la foule. Je suis enfin parvenu à ne plus mesurer que la courbe que mes nouveaux semoirs tracent au bout de leurs rayons. Le resultat est un peu de froment. Mais quand je me suis tué à Paris pour composer des Poëmes épiques, des Tragédies & des Histoires je n'en ai recueilli que de L'yvraie. La culture des champs est plus douce que celle des Lettres. Je trouve plus de bon sens dans mes laboureurs & dans mes vignerons & surtout plus de bonne-foi que dans les regratiers de la Littérature, qui m'ont fait renoncer à Paris & qui m'empêchent de le regretter. Je mets en pratique ce que l'ami des hommes conseille ; je fais du bien dans mes terres, aux autres & à moi. Je fais naître l'abondance dans le pays le plus agréable à la vue & le plus pauvre que j'aye jamais vû. C'est une belle expérience de Phisique, de faire craître quatre épics ou la Nature n'en donnait que trois. L'Académie de Cérès & de Pomone vaut bien les autres.

Felix qui potuit rerum cognoscere causas,
Fortunatus & ille deos qui novit agrestes.

FIN.

www.ingramcontent.com/pod-product-compliance
Lightning Source LLC
Chambersburg PA
CBHW060523050426
42451CB00009B/1135